EL GATO NO SE COMIÓ MI LENGUA

ARTUR RAUSHEN
ILUSTRADO POR
DIRCEU VEIGA

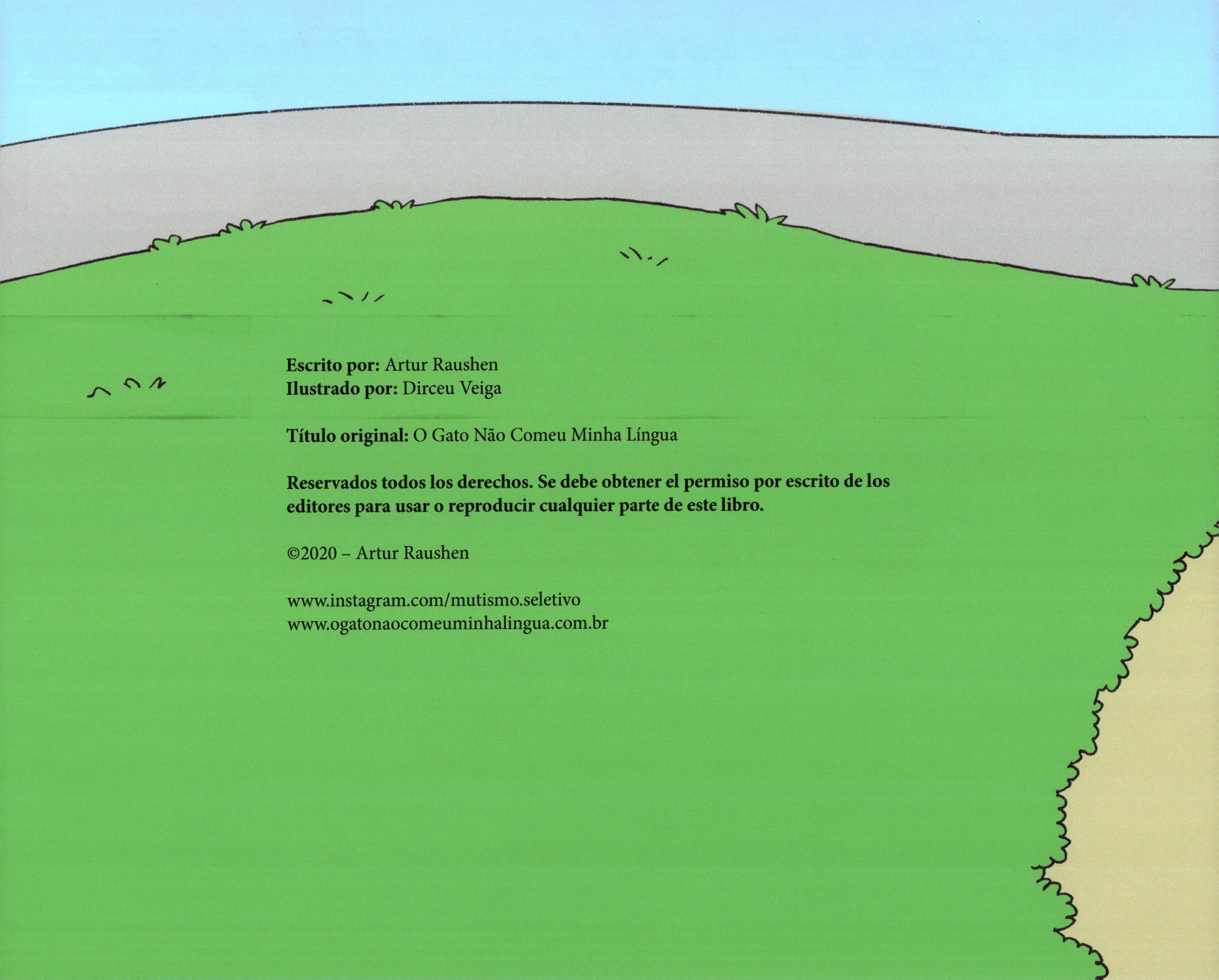

Escrito por: Artur Raushen
Ilustrado por: Dirceu Veiga

Título original: O Gato Não Comeu Minha Língua

Reservados todos los derechos. Se debe obtener el permiso por escrito de los editores para usar o reproducir cualquier parte de este libro.

©2020 – Artur Raushen

www.instagram.com/mutismo.seletivo
www.ogatonaocomeuminhalingua.com.br

ME ENCANTA DIVERTIRME CON MIS AMIGOS DEL COLEGIO.
SALTAR, CORRER y JUGAR.

EN LA CASA, HABLO NORMALMENTE, A VECES INCLUSO DEMASIADO.
HABLO COM MI MADRE.
HABLO COM MI PADRE.
JUEGO Y PELEO CON MI HERMANA.

PERO FUERA DE CASA, CUANDO ME HABLAN...

SIENTO MIEDO.
MI BOCA SE TENSA TANTO QUE PARECE MIS DIENTES SE VAN A ROMPER.
APARECE UN NUDO EN MI GARGANTA.
MI CORAZÓN EMPIEZA A LATIR MÁS RÁPIDO.
MIS MANOS EMPIEZAN A SUDAR.
SIENTO UN FRÍO EN LA BARRIGA.
NO LOGRO RESPIRAR BIEN.
MIS PIERNAS EMPIEZAN A TEMBLAR.
NINGUNA PALABRA SALE DE MI BOCA.

EN EL COLEGIO SIEMPRE ME PREGUNTAN "POR QUÉ NO HABLO". INTENTE RESPONDER PERO NO LO LOGRO. ME DAN GANAS DE GRITAR:
¿PORQUE NO HABLAS?
¿EL GATO TE COMIÓ LA LENGUA?
EL GATO NO SE COMIÓ MI LENGUA.
¡ADRIAN SÍ HABLA! HABLA COMO TÚ, Y CUANDO ÉL SE SIENTE CÓMODO HABLA TAMBIÉN EN CLASE.

LA PEOR PARTE ES CUANDO ESTAMOS EN LA RUEDA DE PREGUNTAS Y EL PROFESOR LE HACE PREGUNTA A CADA ESTUDIANTE.

HOY CONOCERÉ A UNA PERSONA QUE
DIJO QUE ME AYUDARÁ.

ÉL ME DIJO QUE HA CONOCIDO A MUCHOS NIÑOS COMO YO Y LOS AYUDO A TODOS A SUPERAR ESTO.
PRIMERO ME ENSEÑÓ A RELAJARME. RESPIRANDO PROFUNDO Y CONTANDO HASTA 10.

APRENDÍ QUE NECESITO MEJORAR POCO A POCO,
A MI VELOCIDAD, A MI MANERA, ASÍ COMO TODO EN LA VIDA.
POR EJEMPLO, PARA ANDAR EN BICICLETA, SE NECESITA MU-
CHA PRÁCTICA. SE COMIENZA CON LAS RUEDAS Y YENDO
RECTO.

DESPUÉS DE MUCHO ENTRENAMIENTO ES
CUANDO BAJAMOS LA PENDIENTE.
EN LA NATACIÓN TAMBIÉN ES ASÍ.

A LA SEMANA SIGUIENTE, MI MADRE COMENZÓ A ACOMPAÑARME AL COLEGIO.
ANTES DE LA CLASE, NOS QUEDÁBAMOS EN UNA PEQUEÑA SALA PARA HABLAR, JUGAR Y DIVERTIRME.
CONSEJOS DE JUEGOS:
- UNO©
- CASITA ROBADA
- CONTAR NÚMEROS
- DADOS
AL PRINCIPIO, YO NO DECÍA NADA, PERO POCO A POCO ME FUI SINTIENDO MÁS CÓMODO HASTA LOGRAR HABLAR... ¡Y ADEMÁS RECIBÍA GOLOSINAS!

DESPUÉS DE UN TIEMPO, UNA AMIGA SE UNIÓ A LA CHARLA.
FUE DIFÍCIL AL PRINCIPIO, PERO TAMBIÉN LOGRÉ HABLAR CON ELLA.
FUI MUY VALIENTE.

REPETIMOS ESTO VARIAS VECES
CON DIFERENTES AMIGOS
Y EN DISTINTOS LUGARES.

TAMBIÉN LO HICIMOS EN CASA, CUANDO
INVITÉ A UN AMIGO A VENIR.

AL PRINCIPIO MI MADRE ME AYUDABA,
LUEGO PODÍA HABLAR A SOLAS CON MI AMIGO.

ELABORAMOS UNA TABLA PARA VER MI EVOLUCIÓN

VOY A HABLAR	ESTOY HABLANDO	YA HABLO	LUGARES DONDE HABLÉ
ANTONIO	DAVID	ANDREA	SALA DE LECTURA
CARLOS	SARA	CARMEN	PARQUE INFANTIL
ISABEL		PABLO	CAFETERÍA
PAULA		HUGO	
ALEJANDRO		JAVIER	
		PROFESORA	

CADA VEZ ME SENTÍA MÁS CÓMODO EN LAS SESIONES,
INCLUSO SIN MI MADRE.
ME SENTÍA CÓMODO CON ALGUNOS AMIGOS Y, EN EL RECREO, LES
HABLABAEN SUSURROS. ME SENTÍ MUY FELIZ CON MI LOGRO.

TODO FUE HECHO A MI TIEMPO,
A MI VELOCIDAD,
SIN PRISA.

ME HE VUELTO CADA VEZ MAS VALIENTE.

HASTA QUE UN DÍA ESTÁBAMOS EN LA RUEDA DE PREGUNTAS...
Y ESTABA LLEGANDO MI TURNO. MI CORAZÓN COMENZÓ A LATIR RÁPIDO,
PERO SABÍA LA RESPUESTA.
RESPIRE HONDO Y...
A
B
C
¿HABLAREMOS
EL A B C ?

HOY, CUANDO ME PREGUNTAN SI NO HABLO, GRITO MUY FUERTE:
¡EL GATO NO SE COMIÓ MI LENGUA!

Para los padres:

El Mutismo Selectivo es un trastorno de ansiedad que afecta a los niños, llegando a la etapa adulta, provocando que no puedan hablar en determinados lugares y con determinadas personas, pero que hablen con normalidad en casa con sus padres y hermanos.

El mutismo selectivo afecta a cerca de 7 de cada 1000 niños, pero debido a la falta de literatura y de conocimiento, muchos niños terminan sin tener su diagnóstico reconocido, postergando y agravando su estado.

Este libro sirve como introducción para un niño sobre la técnica de tratamiento llamada Sliding In, conocida como la técnica más eficaz en el tratamiento del Mutismo Selectivo.

Con el conocimiento sobre cómo se realizará la técnica, el niño acaba comprendiendo mejor el tratamiento, disminuyendo su ansiedad, y creando un entorno en el que el niño puede superar el Mutismo Selectivo.

Para más información:
www.ogatonaocomeuminhalingua.com.br
www.instagram.com/mutismo.seletivo

www.ingramcontent.com/pod-product-compliance
Lightning Source LLC
LaVergne TN
LVHW071459190726
843512LV00022B/679